Todos los libros de Linkgua Ediciones cuentan con modelos de Inteligencia Artificial entrenados por hispanistas. Pregúntale al chat de tu libro lo que desees acerca de la obra o su autor/a.

Para ebooks: Accede a nuestro modelo de IA a través de un enlace.

Para libros impresos: Escanea el código QR de la portada con tu dispositivo móvil.

Obtén análisis detallados de nuestros libros, resúmenes, respuestas a tus preguntas y accede a nuestras ediciones críticas generativas para una experiencia de lectura más enriquecedora.
La transparencia y el respeto hacia la autoría de las fuentes utilizadas son distintivos básicos de nuestro proyecto. Por ello, las respuestas ofrecen, mediante un sistema de citas, las fuentes con las que han sido elaboradas.

Juan Pablo Viscardo y Guzmán

Carta a los españoles americanos

Barcelona 2025
Linkgua-ediciones.com

Créditos

Título original: Carta a los españoles americanos.

e-mail: info@linkgua.com

Diseño de cubierta: Michel Mallard.

ISBN rústica: 978-84-9007-612-5.
ISBN ebook: 978-84-9007-613-2.

Sumario

Brevísima presentación

La vida

Juan Pablo Viscardo (o Vizcardo) y Guzmán (1748-1798) era peruano de nacimiento y emigró a Europa tras la expulsión de la Compañía de Jesús de América, en 1767.

Juan Pablo vivió en Londres bajo la protección del gobierno británico y escribió esta *Carta* en 1792. A su muerte, sus papeles fueron entregados a Francisco de Miranda, quien la publicó en 1799. La Carta tuvo una gran difusión en toda Hispanoamérica y es considerada «la Primera proclama de la Revolución» o «el acta de independencia de la América Española».

La primera edición de la Carta se realizó en la misma lengua en la parece que había sido escrita, es decir en francés, y apareció en el año de 1799 en Londres, aunque erróneamente en el pie de imprenta se consignó Filadelfia para evitar la presumible protesta del gobierno hispano. Luego apareció en español en 1801, traducida por el propio Miranda, quien le añadió, al igual que en la prínceps, toda una serie de notas y precisiones a pie de página para reforzar o confirmar lo que en ella se exponía. Así, figuran referencias al cronista Antonio de Herrera, a fray Bartolomé de las Casas, a Jorge Juan y Antonio de Ulloa; y se incluye una larga lista de jesuitas americanos expulsados que en 1785 todavía se encontraban en Italia, etc.

Carta a los españoles americanos

HERMANOS Y COMPATRIOTAS:
La inmediación al cuarto siglo del establecimiento de nuestros antepasados en el Nuevo Mundo, es una ocurrencia sumamente notable para que deje de interesar nuestra atención. El descubrimiento de una parte tan grande de la tierra, es y será siempre, para el género humano, el acontecimiento más memorable de sus anales. Mas para nosotros que somos sus habitantes, y para nuestros descendientes, es un objeto de la más grande importancia. El Nuevo Mundo es nuestra patria, y su historia es la nuestra, y en ella es que debemos examinar nuestra situación presente, para determinarnos, por ella, a tomar el partido necesario a la conservación de nuestros derechos propios y de nuestros sucesores.

Aunque nuestra historia de tres siglos acá, relativamente a las causas y efectos más dignos de nuestra atención, sea tan uniforme y tan notoria que se podría reducir a estas cuatro palabras: ingratitud, injusticia, servidumbre y desolación, conviene, sin embargo, que la consideremos aquí con un poco de lentitud.

Cuando nuestros antepasados se retiraron a una distancia inmensa de su país natal, renunciando no solamente al alimento, sino también a la protección civil que allí les pertenecía y que no podía alcanzarlos a tan grandes distancias, se expusieron a costa propia, a procurarse una subsistencia nueva, con las fatigas más enormes y con los más grandes peligros. El gran suceso que coronó los esfuerzos de los conquistadores de América, les daba, al parecer, un derecho que aunque no era el más justo, era a lo menos mejor que el que tenían los antiguos godos de España, para apropiarse el fruto de su valor y de sus trabajos. Pero la inclinación natural a su país nativo les condujo a hacerle el más generoso homenaje de sus inmensas adquisiciones; no pudiendo dudar que un servicio gratuito tan importante dejase de merecerles un reconocimiento proporcionado, según la costumbre de aquel siglo de recompensar a los que habían contribuido a extender los dominios de la nación.

Aunque estas legítimas esperanzas han sido frustradas, sus descendientes y los de los otros españoles que sucesivamente han pasado a la América, aunque no conozcamos otra patria que ésta en la cual está fundada nuestra subsistencia y la de nuestra posteridad, hemos sin embargo respetado, conservado y amado cordialmente el apego de nuestros padres a su primera patria. A ella hemos sacrificado riquezas infinitas de toda especie, prodigado nuestro sudor y derramado por ella con gusto nuestra sangre. Guiados de un entusiasmo ciego, no hemos considerado que tanto empeño en favor de un país que nos es extranjero, a quien nada debemos, de quien no dependemos y del cual nada podemos esperar, sea una traición cruel contra aquél en donde somos nacidos y que nos suministra el alimento necesario para nosotros y nuestros hijos; y q ue nuestra veneración a los sentimientos afectuosos de nuestros padres por su primera patria es la prueba más decisiva de la preferencia que debemos a la nuestra. Todo lo que hemos prodigado a la España ha sido pues usurpado sobre nosotros y nuestros hijos; siendo tanta nuestra simpleza, que nos hemos dejado encadenar con unos hierros que si no rompemos a tiempo, no nos quedará otro recurso que el de soportar pacientemente esta ignominiosa esclavitud.

Si como es triste nuestra condición actual fuese irremediable, será un acto de compasión el ocultarla a nuestros ojos; pero teniendo en nuestro poder su más seguro remedio, descubramos este horroroso cuadro para considerarle a la luz de la verdad. Esta nos enseña que toda ley que se opone al bien universal de aquellos para quienes está hecha, es un acto de tiranía, y que el exigir su observancia es forzar a la esclavitud; que una ley que se dirigiese a destruir directamcnte las bases de la prosperidad de un pueblo sería una monstruosidad superior a toda expresión; es evidente también que un pueblo a quien se despojase de la libertad personal y de la disposición de sus bienes, cuando todas las otras naciones, en iguales circunstancias, ponen su más grande interés en extenderla, se hallaría en un estado de esclavitud mayor que el que puede imponer un enemigo en la embriaguez de la victoria.

Supuestos estos principios incontestables, veamos cómo se adaptan a nuestra situación recíproca con la España. Un imperio inmenso, unos tesoros que exceden toda imaginación, una gloria y un poder superiores a todo lo que la antigüedad conoció: he aquí nuestros títulos al agradecimiento y a la más distinguida protección de la España y de su gobierno. Pero nuestra recompensa ha sido tal, que la justicia más severa apenas nos habría aplicado castigo semejante si hubiésemos sido reos de los más grandes delitos. La España nos destierra de todo el mundo antiguo, separándonos de una sociedad a la cual estamos unidos con los lazos más estrechos; añadiendo a esta usurpación sin ejemplo de nuestra libertad personal, la otra igualmente importante de la propiedad de nuestros bienes.

Desde que los hombres comenzaron a unirse en sociedad para su más grande bien, nosotros somos los únicos a quienes el gobierno obliga a comprar lo que necesitamos a los precios más altos, y a vender nuestras producciones a los precios más bajos. Para que esta violencia tuviese el suceso más completo nos han cerrado, como en una ciudad sitiada, todos los caminos por donde las otras naciones pudieran darnos a precios moderados y por cambios equitativos, las cosas que nos son necesarias. Los impuestos del gobierno, las gratificaciones al ministerio, la avaricia de los mercaderes, autorizados a ejercer de concierto el más desenfrenado monopolio, caminando todas en la misma línea, y la necesidad haciéndose sentir: el comprador no ticne elección. Y como para suplir nuestras necesidades esta tiranía mercantil podría forzarnos a usar de nuestra industria, el gobierno se encargó de encadenarla.

No se pueden observar sin indignación los efectos de este detestable plan de comercio, cuyos detalles serían increíbles, si los que nos han dado personas imparciales, y dignas de fe no nos suministrasen pruebas decisivas para juzgar del resto. Sin el testimonio de don Antonio Ulloa, sería difícil el persuadir a la Europa, que el precio de los artículos, esencialmente necesa¬rios en todas partes, tales como el hierro y el acero, fuese en Quito, en tiempo de paz, regularmente mayor que de 100 pesos, o de 540 libras tornesas por quintal de hierro, y de 150 pesos u 810 libras por quintal de acero; el precio del primero no siendo en Europa sino de 5 a 6 pesos (25 a 30 libras) y el del segundo a proporción; que en un puerto tan célebre como el de Cartagena de Indias, e igualmente en tiempo de paz, haya habido una escasez de vino tan grande, que estaban obligados a no celebrar la misa, sino en una sola iglesia, y que generalmente esta escasez, y su excesivo precio, impiden el uso de esta bebida, más necesaria allí que en otras partes, por la insalubridad de clima.

Por honor de la humanidad y de nuestra nación, más vale pasar en silencio los horrores, y las violencias del otro comercio exclusivo (conocido en el Perú con el nombre de repartimientos), que se arrogan los corregidores y alcaldes mayores para la desolación, y ruina particular de los desgraciados indios y mestizos. ¿Qué maravilla es pues, si con tanto oro y plata, de que hemos casi saciado al universo, poseamos apenas con qué cubrir nuestra desnudez? ¿De qué sirven tantas tierras tan fértiles, si además de la falta de instrumentos necesarios para labrarlas, nos es por otra parte inútil el hacerlo más allá de nuestra propia consumación? Tantos bienes, como la naturaleza nos prodiga, son enteramente perdidos; ellos acusan la tiranía que nos impide el aprovecharlos, comunicándonos con otros pueblos.

Parece que, sin renunciar a todo sentimiento de vergüenza, no se podía añadir nada a tan grandes ultrajes. La ingeniosa política, que bajo el pretexto de nuestro bien, nos había despojado de la libertad, y de los bienes debía sugerir, a lo menos, que era preciso dejamos alguna sombra de honor y algunos medios de restablecernos para preparar nuevos recursos. Para esto es que el hombre concede el reposo y la comida a los animales que le sirven. La administración económica de nuestros intereses nos habría consolado de las otras pérdidas, y habría procurado ventajas a la España. Los intereses de nuestro país, no siendo sino los nuestros, su buena o mala administración recae necesariamente sobre nosotros, y es evidente que a nosotros solos pertenece el derecho de ejercerla, y que solos podemos llenar sus funciones, con ventaja recíproca de la patria, y de nosotros mismos.

¿Qué descontento no manifestaron los españoles, cuando algunos flamencos, vasallos como ellos, y demás compatriotas de Carlos V, ocuparon algunos empleos públicos en España? ¿Cuánto no murmuraron? ¿Con cuántas solicitudes y tumultos no exigieron, que aquellos extranjeros fuesen despedidos, sin que su corto número, ni la presencia del monarca, pudiesen calmar la inquietud general? El miedo de que el dinero de España pasase a otro país, aunque perteneciente a la misma monarquía, fue el motivo que hizo insistir a los españoles con más calor en su demanda.

¡Qué diferencia no hay entre aquella situación momentánea de los españoles y la nuestra de tres siglos acá! Privados de todas las ventajas del gobierno, no hemos experimentado de su parte sino los más horribles desórdenes y los más graves vicios. Sin esperanza de obtener jamás ni una protección inmediata, ni una pronta justicia a la distancia de dos a tres mil leguas; sin recursos para reclamarla, hemos sido entregados al orgullo, a la injusticia, a la rapacidad de los ministros, tan avaros, por lo menos, como los favoritos de Carlos V. Implacables para con unas gentes que no conocen y que miran como extranjeras, procuran solamente satisfacer su codicia con la perfecta seguridad de que su conducta inicua será impune o ignorada del soberano. El sacrificio hecho a la España de nuestros más preciosos intereses, ha sido el mérito con que todos ellos pretenden honrarse para excusar las injusticias con que nos acaban. Pero la miseria en que la España misma ha caído, prueba que aquellos hombres no han conocido jamás los verdaderos intereses de la nación, y que han procurado solamente cubrir con este pretexto sus procedimientos vergonzosos; y el suceso ha demostrado que nunca la injusticia produce frutos sólidos. A fin de que nada faltase a nuestra ruina y a nuestra ignominiosa servidumbre, la indigencia, la avaricia y la ambición han suministrado siempre a la España un enjambre de aventureros, que pasan a la América resueltos a desquitarse allí con nuestra sustancia de lo que han pagado para obtener sus empleos. La manera de indemnizarse de la ausencia de su patria, de sus penas y de sus peligros, es haciéndonos todos los males posibles. Renovando todos los días aquellas escenas de horrores que hicieron desaparecer pueblos enteros, cuyo único delito fue su flaqueza, convierten el resplandor de la más grande conquista en una mancha ignominiosa para el nombre español.

Así es que, después de satisfacer al robo, paliado con el nombre de comercio, a las exacciones del gobierno en pago de sus insignes beneficios, y a los ricos salarios de la multitud innumerable de extranjeros que, bajo diferente denominación en España y América, se hartan fastuosamente de nuestros bienes, lo que nos queda es el objeto continuo de las asechanzas de tantos orgullosos tiranos, cuya rapacidad no conoce otro término que el que quieren imponerle su insolvencia y la certidumbre de la impunidad. Así, mientras que en la corte, en los ejércitos, en los tribunales de la monarquía, se derraman las riquezas y los honores a extranjeros de todas las naciones, nosotros solo somos declarados indignos de ellos e incapaces de ocupar aún en nuestra propia patria unos empleos que en rigor nos pertenecen exclusivamente. Así la gloria, que costó tantas penas a nuestros padres, es para nosotros una herencia de ignominia y con nuestros tesoros inmensos no hemos comprado sino miseria y esclavitud.

Si corremos nuestra desventurada patria de un cabo al otro, hallaremos donde quiera la misma desolación, una avaricia tan desmesurada como insaciable; donde quiera el mismo tráfico abominable de injusticia y de inhumanidad, de parte de las sanguijuelas empleadas por el gobierno para nuestra opresión. Consultemos nuestros anales de tres siglos y allí veremos la ingratitud y la injusticia de la corte de España, su infidelidad en cumplir sus contratos, primero con el gran Colón y después con los otros conquistadores que le dieron el imperio del Nuevo Mundo, bajo condiciones solemnemente estipuladas. Veremos la posteridad de aquellos hombres generosos abatida con el desprecio, y manchada con el odio que les ha calumniado, perseguido, y arruinado. Como algunas simples particularidades podrían hacer dudar de este espíritu persecutor, que en todo tiempo se ha señalado contra los Españoles Americanos, leed solamente lo que el verídico Inca Garcilaso de la Vega escribe en el segundo tomo de sus *Comentarios*, Libro VII, cap. 17.

Cuando el virrey don Francisco de Toledo, aquel hipócrita feroz, determinó hacer perecer al único heredero directo del Imperio del Perú, para asegurar a la España la posesión de aquel desgraciado país, en el proceso que se instauró contra el joven e inocente Inca Túpac Amaru, entre los falsos crímenes con que este príncipe fue cargado, «se acusa, dice Garcilaso, a los que han nacido en el país de madres indias y padres españoles conquistadores de aquel imperio; se alegaba de que habían secretamente convenido con Túpac Amaru, y los otros Incas, de excitar una rebelión en el reino, para favorecer el descontento de los que eran nacidos de la sangre real de los Incas, o cuyas madres eran hijas, sobrinas, o primas hermanas de la familia de los Incas, y los padres españoles y de los primeros conquistadores que habían adquirido tanta reputación; que estos estaban tan poco atendidos, que ni el derecho natural de las madres, ni los grandes servicios y méritos de los padres, les procuraban la menor ventaja, sino que todo era distribuido entre parientes y amigos de los gobernadores, quedando aquellos expuestos a morir de hambre, si no querían vivir de limosna, o hacerse salteadores de caminos, y acabar en una horca. Estas acusaciones siendo hechas contra los hijos de los españoles, nacidos de mujeres indias, estos fueron cogidos, y todos los que eran de edad de veinte años y más, capaces de llevar armas, y que vivían entonces en el Cuzco, fueron aprisionados. Algunos de ellos fueron puestos al tormento para forzarlos a confesar aquello de que no había pruebas ni indicios. En medio de estos furores y procedimientos tiránicos, una india, cuyo hijo estaba condenado a la cuestión, vino a la prisión y, elevando su voz, dijo: Hijo mío, pues que se te ha condenado a la tortura, súfrela valerosamente como hombre de honor, no acuses a ninguno falsamente, y Dios te dará fuerzas para sufrirla; él te recompensará de los peligros y penas que tu padre y sus compañeros han sufrido para hacer este país cristiano, y hacer entrar a sus habitantes en el seno de la Iglesia...» Esta exhortación magnánima, proferida con toda la vehemencia de que aquella madre era capaz, hizo la más grande impresión sobre el espíritu del Virrey, y le apartó de su designio de hacer morir aquellos desdichados. Sin embargo, no fueron absueltos, sino que se les condenó a una muerte más lenta, desterrándolos a diversas partes del Nuevo Mundo. Algunos fueron también enviados a España.

Tales eran los primeros frutos que la posteridad de los descubridores del Nuevo Mundo recibía de la gratitud española, cuando la memoria de los méritos de sus padres estaba aún reciente. El Virrey, aquel monstruo sanguinario, pareció entonces el autor de todas las injusticias, pero desengañémonos, acerca de los sentimientos de la Corte, si creemos que ella no participaba de aquellos excesos; ella se ha deleitado en nuestros días en renovarlos en toda la América, arrancándole un número mucho mayor de sus hijos, sin procurar disfrazar siquiera su inhumanidad: estos han sido deportados hasta en Italia.

Después de haberlos botado en un país, que no es de su dominación, y renunciádolos como vasallos, la Corte de España, por una contradicción y un refinamiento inaudito de crueldades, con un furor que solo puede inspirar a los tiranos el miedo de la inocencia sacrificada, la Corte se ha reservado el derecho de perseguirles y oprimirles continuamente. La muerte ha librado ya, a la mayor parte de estos desterrados, de las miserias que les han acompañado hasta el sepulcro. Los otros arrastran una vida infortunada y son una prueba de aquella crueldad de carácter que tantas veces se ha echado en cara a la nación española, aunque realmente esta mancha no deba caer sino sobre el despotismo de su gobierno.

Tres siglos enteros, durante los cuales este gobierno ha tenido sin interrupción ni variación alguna la misma conducta con nosotros, son la prueba completa de un plan meditado que nos sacrifica enteramente a los intereses y conveniencias de la España; pero, sobre todo, a las pasiones de su Ministerio. No obstante esto es evidente, que a pesar de los esfuerzos multiplicados de una falsa e inicua política nuestros establecimientos han adquirido tal consistencia que Montesquieu, aquel genio sublime ha dicho: «Las Indias y la España son potencias bajo un mismo dueño; mas las Indias son el principal y la España el accesorio. En vano la política procura atraer el principal al accesorio; las Indias atraen continuamente la España a ellas». Esto quiere decir en otros términos, que las razones para tiranizamos se aumentan cada día. Semejante a un tutor malévolo que se ha acostumbrado a vivir en el fausto y opulencia a expensas de su pupilo, la España con el más grande terror ve llegar el momento que la naturaleza, la razón y la justicia han prescrito para emancipamos de una tutela tan tiránica.

El vacío y la confusión, que producirá la caída de esta administración, pródiga de nuestros bienes, no es el único motivo que anima a la Corte de España a perpetuar nuestra minoridad, a agravar nuestras cadenas. El despotismo que ella ejerce con nuestros tesoros, sobre las ruinas de la libertad española, podría recibir con nuestra independencia un golpe mortal, y la ambición debe prevenirlo con los mayores esfuerzos.

La pretensión de la Corte de España de una ciega obediencia a sus leyes arbitrarias, está fundada principalmente sobre la ignorancia, que procura alimentar y entretener, acerca de los derechos inalienables del hombre y de los deberes indispensables de todo gobierno. Ella ha conseguido persuadir al pueblo que es un delito el razonar sobre los asuntos que importen más a cada individuo y, por consiguiente, que es una obligación continua la de extinguir la preciosa antorcha que nos dio el Creador para alumbrarnos y conducirnos. Pero -a pesar de los progresos de una doctrina tan funesta, toda la historia de España testifica constantemente contra su verdad y legitimidad.

Después de la época memorable del poder arbitrario y de la injusticia de los últimos reyes godos, que trajeron la ruina de su imperio y de la nación española, nuestros antepasados, cuando restablecieron el reino y su gobierno, pensaron en premunirse contra el poder absoluto a que siempre han aspirado nuestros reyes. Con este designio concentraron la supremacía de la justicia y los poderes legislativos de la paz, de la guerra, de los subsidios y de las monedas, en las Cortes que representaban la nación en sus diferentes clases y debían ser los depositarios y los guardianes de los derechos del pueblo.

A este dique tan sólido los aragoneses añadieron el célebre magistrado llamado el Justicia, para velar en la protección del pueblo contra toda violencia y opresión, como también para reprimir el poder abusivo de los reyes. En el preámbulo de una de aquellas leyes, los aragoneses dicen, según Jerónimo Blanco en sus Comentarios, pág. 751, «que la esterilidad de su país y la pobreza de sus habitantes son tales, que si la libertad no los distinguía de las otras naciones, el pueblo abandonarla su patria, e iría a establecerse en una región más fértil». Y a fin de que el rey no olvide jamás el manantial de donde le viene la soberanía, el Justicia, en la ceremonia solemne de la coronación, le dirigía las palabras siguientes: «Nos que valernos cuanto vos, os hacernos nuestro rey y señor con tal que guardéis nuestros fueros y libertades. y si no, nó»; tal como lo refiere el célebre Antonio Pérez, Secretario del Rey don Felipe II. Era pues un artículo fundamental de la Constitución de Aragón que si el rey violaba los derechos y privilegios del pueblo, el pueblo podía legítimamente extrañarlo, y en su lugar nombrar otro, aunque fuese de la religión pagana, según el mismo Jerónimo Blanco.

A este noble espíritu de libertad es que nuestros antepasados debieron la energía que les hizo acabar tan grandes empresas, y que en medio de tantas guerras onerosas hizo florecer la nación y la colmó de prosperidades, como se observa hoy en Inglaterra y Holanda. Mas luego que el rey pasó los límites que la Constitución de Castilla y de Aragón le habían prescrito, la decadencia de la España fue tan rápida como había sido extraordinario el poder adquirido o, por mejor decir, usurpado por los soberanos. Y esto prueba bastante que el poder absoluto, al cual se junta siempre el arbitrario, es la mina de los Estados.

La reunión de los reinos de Castilla y de Aragón, como también los grandes Estados que al mismo tiempo tocaron por herencia a los reyes de España, y los tesoros de las Indias, dieron a la corona una preponderancia imprevista y tan fuerte, que en muy poco tiempo trastornó todos los obstáculos que la prudencia de nuestros abuelos había opuesto para asegurar la libertad de su descendencia. La autoridad real, semejante al mar cuando sale de sus márgenes, inundé toda la monarquía, y la voluntad del rey y de sus ministros se hizo la ley universal.

Una vez establecido el poder despótico tan sólidamente, la sombra misma de las antiguas Cortes no existió más, no quedando otra salvaguardia a los derechos naturales, civiles y religiosos de los españoles que la arbitrariedad de los ministros o las antiguas formalidades de justicia llamadas vías jurídicas. Estas últimas se han opuesto algunas veces a la opresión de la inocencia, sin estorbar por eso el que se verificase el proverbio de que allá van leyes donde quieren reyes,

Una invención dichosa sugirió al fin el medio más fecundo para desembarazarse de estas trabas molestas. La suprema potencia económica y los motivos reservados en el alma real (expresiones que asombrarán la posteridad), descubriendo al fin la vanidad y todas las ilusiones del género humano sobre los principios eternos de justicia, sobre los derechos y deberes de la naturaleza y de la sociedad, han desplegado de un golpe su irresistible eficacia sobre más de cinco mil ciudadanos españoles. Observad que estos ciudadanos estaban unidos en cuerpo, que a sus derechos de sociedad en calidad de miembros de la nación, unían el honor de la estimación pública merecida por unos servicios tan útiles como importantes.

Omitiendo las reflexiones que nacen de todas las circunstancias de una ejecución tan extraña, y dejando aparte las desgraciadas víctimas de aquel bárbaro atentado, considerémosle solamente con respecto a toda la nación española.

La conservación de los derechos naturales y, sobre todo, de la libertad y seguridad de las personas y haciendas, es incontestablemente la piedra fundamental de toda sociedad humana, de cualquier manera que esté combinada. Es pues una obligación indispensable de toda sociedad, o del gobierno que la representa, no solamente respetar sino aun proteger eficazmente los derechos de cada individuo.

Aplicando estos principios al asunto actual, es manifiesto que cinco mil ciudadanos que hasta entonces la opinión pública no tenia razón para sospechar de ningún delito, han sido despojados por el gobierno de todos sus derechos, sin ninguna denuncia de justicia y del modo más arbitrario. El gobierno ha violado solemnemente la seguridad pública, y hasta que no haya dado cuenta a toda la nación de los motivos que le hicieron obrar tan despóticamente, no hay particular alguno que en lugar de la protección que le es debida no tenga que temer opresión semejante, tanto cuanto su flaqueza individual le expone más fácilmente que a un cuerpo numeroso que en muchos respetos interesaba la nación entera. Un temor tan serio, y tan bien fundado, excluye naturalmente toda idea de seguridad. El gobierno culpable de haberla destruido en toda la nación, ha convertido en instrumentos de opresión y de ruina los medios que se le han confiado para proteger y conservar los individuos.

Si el gobierno se cree obligado a hacer renacer la seguridad pública y confianza de la nación en la rectitud de su administración, debe manifestar, en la forma jurídica más clara, la justicia de su cruel procedimiento respecto de los cinco mil individuos de que se acaba de hablar. Y en el intervalo está obligado a confesar el crimen que ha cometido contra la nación, violando un deber indispensable y ejerciendo una implacable tiranía.

Mas si el gobierno se cree superior a estos deberes para con la nación, ¿qué diferencia hace pues entre ella y una manada de animales, que un simple capricho del propietario puede despojar, enajenar y sacrificarla? El cobarde y tímido silencio de los españoles acerca de este horrible atentado justifica el discernimiento del ministerio que se atrevió a una empresa tan difícil como injusta. Y si sucede en las enfermedades políticas de un Estado como en las enfermedades humanas, que nunca son más peligrosas que cuando el paciente se muestra insensible al exceso del mal que le consume, ciertamente la nación española en su situación actual tiene motivos para consolarse de sus penas.

El progreso de la grande revolución que acabamos de bosquejar, y que se ha perpetuado hasta nosotros en la constitución y gobierno de España, es conforme con la historia nacional. Pasemos ahora al examen de la influencia que nosotros debemos esperar o temer de esta misma revolución.

Cuando las causas conocidas de un mal cualquiera se empeoran sin relajación, sería una locura esperar de ellas el bien. Ya hemos visto la ingratitud, la injusticia y la tiranía, con que el gobierno español nos acaba desde la fundación de nuestras colonias, esto es cuando estaba él mismo muy lejos del poder absoluto y arbitrario a que ha llegado después. Al presente que no cono ce otras reglas que su voluntad, y que está habituado a considerar nuestra propiedad como un bien que le pertenece, todo su estudio consiste en aumentarle con detrimento nuestro, coloreando siempre, con el nombre de utilidad de la madre patria, el infame sacrificio de todos nuestros derechos y de nuestros más preciosos intereses. Esta lógica es la de los salteadores de caminos, que justifica la usurpación de los bienes ajenos, con la utilidad que de ella resulta al usurpador.

La expulsión y la ruina de los jesuitas no tuvieron, según toda apariencia, otros motivos que la fama de sus riquezas. Mas éstas hallándose agotadas, el gobierno, sin compasión a la desastrada situación a que nos había reducido, quiso aún agravarla con nuevos impuestos, particularmente en la

América Meridional, en donde en 1780 costaron tanta sangre al Perú. Gemiríamos aún bajo esta nueva presión, si las primeras chispas de una indignación, sobrado tiempo reprimida, no hubieran forzado a nuestros tiranos a desistirse de sus extorsiones. ¡Generosos Americanos del Nuevo Reino de Granada! ¡Si la América Española os debe el noble ejemplo de la intrepidez que conviene oponer a la tiranía, y el resplandor que acompaña a su gloria, será en los fastos de la humanidad que se verá grabado con caracteres inmortales, que vuestras armas protegieron a los pobres indios, nuestros compatriotas, y que vuestros diputados estipularon por sus intereses con igual suceso que por los vuestros! ¡Pueda vuestra conducta magnánima servir de lección útil a todo el género humano!

El Ministerio está muy lejos de renunciar a sus proyectos de engullir el resto miserable de nuestros bienes; mas, desconcertado con la resistencia inesperada, que encontró en Zipaquirá, ha variado de método para llegar al mismo fin. Adoptando, cuando menos se esperaba, un sistema contrario al que su desconfiada política había invariablemente observado, ha resuelto dar armas a los españoles americanos, e instruirles en la disciplina militar. Espera, sin duda, obtener de las tropas regladas americanas el mismo auxilio, que halla en España de las bayonetas, para hacerse obedecer. Mas, gracias al cielo, la depravación de los principios de humanidad y de moral no ha llegado al colmo entre nosotros. Nunca seremos los bárbaros instrumentos de la tiranía, y antes de manchamos con la menor gota de la sangre de nuestros hermanos inocentes, derramaremos toda la nuestra por la defensa de nuestros derechos y de nuestros intereses comunes.

Una marina poderosa, pronto a traernos todos los horrores de la destrucción, es el otro medio que nuestra resistencia pasada ha sugerido a la tiranía. Este apoyo es necesario al gobierno para la conservación de la Indias. El decreto de 8 de julio de 1787 ordena, que las rentas de la Indias (la del tabaco exceptuado) preparen los fondos suficientes para pagar la mitad, o el tercio de los enormes gastos que exige la marina real.

Nuestros establecimientos en el continente del Nuevo Mundo, aun en su estado de infancia, y cuando la potencia española estaba en su mayor declinación, han estado siempre al abrigo de toda invasión enemiga; y nuestras fuerzas, siendo ahora mucho más considerables, es claro que el aumento de tropas y de la marina, es para nosotros un gasto tan enorme como inútil a nuestra defensa. Así esta declaración formal, anunciada con tanta franqueza, no parece indicar otra cosa, sino que la vigilancia paternal, del gobierno por nuestra prosperidad (cuyas dulzuras nos ha hecho gustar hasta aquí), se propone damos nuevas pruebas de su celo y de su amor. No escuchando sino las ideas de justicia, que se deben suponer a todo gobierno, se podría creer que los fondos que debemos suministrar para el pago de los enormes gastos de la marina, son destinados a proteger nuestro comercio y multiplicar nuestras riquezas, de suerte que nuestros puertos, de la misma manera que los de España, van a ser abiertos a todas las naciones, y que nosotros mismos podremos visitar las regiones más lejanas, para vender y comprar allí de la primera mano. Entonces nuestros tesoros no saldrán más, como torrentes, para nunca volver, sino que, circulando entre nosotros se aumentarán incesantemente con la industria.

Tanto más podríamos entregamos a estas bellas esperanzas, cuanto son más conformes al sistema de unión e igualdad, cuyo establecimiento, entre nosotros, y los españoles de Europa, desea el gobierno en su decreto real. ¡Qué vasto campo va, pues, a abrirse para obtener en la Corte, en los ejércitos, y en los tribunales de la monarquía los honores y riquezas que tan constantemente se nos ha rehusado! Los españoles europeos, habiendo tenido hasta aquí la posesión exclusiva de todas estas ventajas, es bien justo pues que el gobierno, para establecer esta perfecta igualdad empiece a ponerlos en el mismo pie en que nosotros hemos estado tan largo tiempo. Nosotros solos deberíamos frecuentar los puertos de la España, y ser los dueños de su comercio, de sus riquezas, y de sus destinos. No se puede dudar que los españoles, testigos de nuestra moderación, dejen de someterse tranquilamente a este nuevo orden. El sistema de igualdad, y nuestro ejemplo, lo justifica maravillosamente.

¿Qué diría la España y su gobierno si insistiésemos seriamente en la ejecución de este bello sistema? ¿Y para qué insultamos tan cruelmente hablando de unión y de igualdad? Sí, igualdad y unión, como la de los animales de la fábula; la España se ha reservado la plaza del león. ¿Luego no es sino después de tres siglos que la posesión del Nuevo Mundo, nuestra patria, nos es debida, y que oímos hablar de la esperanza de ser iguales a los españoles de Europa? ¿ Y cómo y por qué título habríamos decaído de aquella igualdad? ¡Ah! nuestra ciega y cobarde sumisión a todos los ultrajes del gobierno, es la que nos ha merecido una idea tan despreciable y tan insultante. Queridos hermanos y compatriotas, si no hay entre vosotros quien no conozca y sienta sus agravios más vivamente que yo podría explicarlo, el ardor que se manifiesta en vuestras almas, los grandes ejemplos de vuestros antepasados, y vuestro valeroso denuedo, os prescriben la única resolución que conviene al honor que habéis heredado, que estimáis y de que hacéis vuestra vanidad. El mismo gobierno de España os ha indicado ya esta resolución, considerándoos siempre como un pueblo distinto de los españoles europeos, y esta distinción os impone la más ignominiosa esclavitud. Consintamos por nuestra parte a ser un pueblo diferente; renunciemos al ridículo sistema de unión y de igualdad con nuestros amos y tiranos; renunciemos a un gobierno, cuya lejanía tan enorme no puede procurarnos, aun en parte las ventajas que todo hombre debe esperar de la sociedad de que es miembro; a este gobierno que, lejos de cumplir con su indispensable obligación de proteger la libertad y seguridad de nuestras personas y propiedades, ha puesto el más grande empeño en destruirlas, y que en lugar de esforzarse a hacernos dichosos, acumula sobre nosotros toda especie de calamidades. Pues que los derechos y obligaciones del gobierno y de los súbditos son recíprocas, la España ha quebrantado, la primera, todos sus deberes para con nosotros: ella ha roto los débiles lazos que habrían podido unimos y estrecharnos.

La naturaleza nos ha separado de la España con mares inmensos. Un hijo que se hallaría a semejante distancia de su padre sería sin duda un insensato, si en la conducta de sus más pequeños intereses esperase siempre la resolución de su padre. El hijo está emancipado por el derecho natural; y en igual caso, un pueblo numeroso, que en nada depende de otro pueblo, de quien no tiene la menor necesidad, ¿deberá estar sujeto como un vil esclavo?

La distancia de los lugares, que por si misma, proclama nuestra independencia natural, es menor aún que la de nuestros intereses. Tenernos esencialmente necesidad de un gobierno que esté en medio de nosotros para la distribución de sus beneficios, objeto de la unión social. Depender de un gobierno distante dos, o tres mil leguas, es lo mismo que renunciar a su utilidad; y este es el interés de la Corte de España, que no aspira a damos leyes, a dominar nuestro comercio, nuestra industria, nuestros bienes y nuestras personas, sino para sacrificarlas a su ambición, a su orgullo y a su avaricia.

En fin, bajo cualquier aspecto que sea mirada nuestra dependencia de la España, se verá que todos nuestros deberes nos obligan a terminarla. Debemos hacerlo por gratitud a nuestros mayores, que no prodigaron su sangre y sus sudores, para que el teatro de su gloria o de sus trabajos, se convirtiese en el de nuestra miserable esclavitud. Debérnoslo a nosotros mismos por la obligación indispensable de conservar los derechos naturales, recibidos de nuestro Creador, derechos preciosos que no somos dueños de enajenar, y que no pueden sernos quitados sin injusticia, bajo cualquier pretexto que sea; ¿el hombre puede renunciar a su razón o puede ésta serle arrancada por fuerza? La libertad personal no le pertenece menos esencialmente que la razón. El libre uso de estos mismos derechos, es la herencia inestimable que debemos dejar a nuestra posteridad.

Sería una blasfemia el imaginar, que el supremo Bienhechor de los hombres haya permitido el descubrimiento del Nuevo Mundo, para que un corto número de pícaros imbéciles fuesen siempre dueños de desolarle, y de tener el placer atroz de despojar a millones de hombres, que no les han dado el menor motivo de queja, de los derechos esenciales recibidos de su mano divina; el imaginar que su sabiduría eterna quisiera privar, al resto del género humano, de las inmensas ventajas que en el orden natural debía procurarles un evento tan grande, y condenarle a desear que el Nuevo Mundo hubiese quedado, desconocido para siempre. Esta blasfemia está sin embargo puesta en práctica por el derecho que la España se arroga sobre la América; y la malicia humana ha pervertido el orden natural de las misericordias del Señor, sin hablar de la justicia debida a nuestro intereses particulares para la defensa de la patria. Nosotros estamos obligados a llenar, con todas nuestra fuerzas, las esperanzas de que hasta aquí el género humano ha estado privado. Descubramos otra vez de nuevo la América para todos nuestros hermanos, los habitantes de este globo, de donde la ingratitud, la injusticia y la avaricia más insensata nos han desterrado. La recompensa no será menor para nosotros que para ellos.

Las diversas regiones de la Europa, a las cuales la Corona de España ha estado obligada a renunciar, tales como el reino de Portugal, colocado en el recinto mismo de la España, y la célebre República de las Provincias Unidas, que sacudieron su yugo de hierro, nos enseñan que un continente infinitamente más grande que la España, más rico, más poderoso, más poblado, no debe depender de aquel reino, cuando se halla tan remoto, y menos aún cuando está reducido a la más dura servidumbre.

El valor con que las colonias inglesas de la América, han combatido por la libertad, de que ahora gozan gloriosamente, cubre de vergüenza nuestra indolencia. Nosotros les hemos cedido la palma, con que han coronado, las primeras, al Nuevo Mundo de una soberanía independiente. Agregad el empeño de las Cortes de España y Francia en sostener la causa de los ingleses americanos. Aquel valor acusa nuestra insensibilidad. Que sea ahora el estímulo de nuestro honor, provocado con ultrajes que han durado trescientos años.

No hay ya pretexto para excusar nuestra aparta si sufrimos más largo tiempo las vejaciones; que nos destruyan: se dirá con razón que nuestra cobardía las merece, Nuestros descendientes nos llenarán de imprecaciones amargas cuando mordiendo el freno de la esclavitud que habrán heredado, se acordaren del momento en que para ser libres no era menester sino el quererlo.

Este momento ha llegado, aconsejémosle con todos los sentimientos de una preciosa gratitud, y por pocos esfuerzos que hagamos, la sabia libertad, don precioso del cielo, acompañada de todas las virtudes y seguida de la prosperidad, comenzará su reino en el Nuevo Mundo y la tiranía será inmediatamente exterminada.

Animados de un motivo tan grande y tan justo, podemos con confianza dirigirnos al principio eterno del orden y de la justicia, implorar en nuestras humildes oraciones su divina asistencia, y con la esperanza de ser oídos, consolarnos de antemano de nuestras desgracias.

Este glorioso triunfo será completo y costara poco a la humanidad. La flaqueza del único enemigo interesado en oponerse a ella, no le permite emplear la fuerza abierta sin acelerar su ruina total, Su principal apoyo está en las riquezas que nosotros le damos; que éstas le sean rehusadas, que ellas sirvan a nuestra defensa y entonces su rabia es impotente. Nuestra causa, por otra parte, es tan justa, tan favorable al género humano, que no es posible hallar entre las otras naciones ninguna que se cargue de la infamia de combatirnos o que renunciando a sus intereses personales, ose contradecir los deseos generales en favor de nuestra libertad. El español sabio y virtuoso, que gime en silencio la opresión de su patria, aplaudirá en su corazón nuestra empresa. Se verá renacer la gloria nacional de un imperio inmenso, convertido en asilo seguro para todos los españoles, que además de la hospitalidad fraternal que siempre han hallado allí podrán respirar libremente bajo las leyes de la razón y de la justicia.

¡Plugiese a Dios que este día, el más dichoso que habrá amanecido jamás, no digo para la América, sino para el mundo entero; plugiese a Dios que llegue sin dilación! ¡Cuando a los horrores de la opresión y de la crueldad suceda el reino de la razón, de la justicia, de la humanidad; cuando el temor, las angustias y los gemidos de dieciocho millones de hombres hagan lugar a la confianza mutua, a la más franca satisfacción y al goce más puro de los beneficios del criador, cuyo nombre no se emplee más en disfrazar el robo, el fraude y la ferocidad; cuando sean echados por tierra los odiosos obstáculos que el egoísmo más insensato opone al bienestar de todo el género humano, sacrificando sus verdaderos intereses al placer bárbaro de impedir el bien ajeno, ¡qué agradable y sensible espectáculo presentarán las costas de la América, cubiertas de hombres de todas las naciones, cambiando las producciones de sus países por las nuestras! ¡Cuántos, huyendo de la opresión o de la miseria, vendrán a enriquecernos con su industria, con sus conocimientos, y a reparar nuestra población debilitada! De esta manera la América reunirá las extremidades de la tierra, y sus habitantes serán atados por el interés común de una sola grande familia de hermanos.

Juan Pablo Viscardo y Guzmán

Libros a la carta

A la carta es un servicio especializado para
empresas,
librerías,
bibliotecas,
editoriales
y centros de enseñanza;

y permite confeccionar libros que, por su formato y concepción, sirven a los propósitos más específicos de estas instituciones.

Las empresas nos encargan ediciones personalizadas para marketing editorial o para regalos institucionales. Y los interesados solicitan, a título personal, ediciones antiguas, o no disponibles en el mercado; y las acompañan con notas y comentarios críticos.

Las ediciones tienen como apoyo un libro de estilo con todo tipo de referencias sobre los criterios de tratamiento tipográfico aplicados a nuestros libros que puede ser consultado en Linkgua-ediciones.com.

Linkgua edita por encargo diferentes versiones de una misma obra con distintos tratamientos ortotipográficos (actualizaciones de carácter divulgativo de un clásico, o versiones estrictamente fieles a la edición original de referencia).

Este servicio de ediciones a la carta le permitirá, si usted se dedica a la enseñanza, tener una forma de hacer pública su interpretación de un texto y, sobre una versión digitalizada «base», usted podrá introducir interpretaciones del texto fuente. Es un tópico que los profesores denuncien en clase los desmanes de una edición, o vayan comentando errores de interpretación de un texto y esta es una solución útil a esa necesidad del mundo académico.

Asimismo publicamos de manera sistemática, en un mismo catálogo, tesis doctorales y actas de congresos académicos, que son distribuidas a través de nuestra Web.

El servicio de «libros a la carta» funciona de dos formas.

1. Tenemos un fondo de libros digitalizados que usted puede personalizar en tiradas de al menos cinco ejemplares. Estas personalizaciones pueden ser de todo tipo: añadir notas de clase para uso de un grupo de estudiantes, introducir logos corporativos para uso con fines de marketing empresarial, etc. etc.

2. Buscamos libros descatalogados de otras editoriales y los reeditamos en tiradas cortas a petición de un cliente.

LK

Printed in Poland
by Amazon Fulfillment
Poland Sp. z o.o., Wrocław

69735770R00023